株式会社ミツカン

毎日食べたい むすびすし

誰かに教えたくなる、
とっておきの〝お酢ごはん〟

はじめに

日本には、「おむすび」という伝統的なメニューがあります。
簡単に作れて、食べやすくて、持ち運びもしやすくて、冷めてもおいしい。
また、日本には、「お寿司」という世界に誇るべきメニューもあります。
海鮮ののった握り寿司、にぎやかなちらし寿司、家庭でも市民権を得た手巻き寿司……などなど、それこそ、家族みんなの大好物。
本書の「むすびすし」は、そのふたつが合体したもの！　――と、簡単に言えばそうなります。が、合体したことによって、おむすびでも今までのお寿司でもない、とても素晴らしいメニューになったのです。

「むすびすし」は、
すし飯を、「お寿司」だけに独占させておくのはもったいない！
すし飯を、従来の「お寿司」の枠にとらわれず、毎日の生活で食べられるようにしたい！
ということで生まれました。
お酢はヘルシーで魅力的な調味料。ぜひ毎日とりたいですし、「すし飯」は、意外に何にでも合うのです。

「むすびすし」を毎日の献立で活用できるようになったら、
手抜き＆時短でも、見た目も華やかで、味のバランスのよい、充実した食生活が実現します。
今日から、楽しく、おいしく、むすびすし生活、始めませんか。

ミツカン　商品・メニュー開発関連部門一同

「むすびすし」のいろんなイイこと！

- いろんなネタ、いろんな具材との組み合わせが、自由に楽しめる。
- 「すし飯」の新たな魅力を発見できる！
- 「むすびすし」ひとつの中に具材をいろいろ入れられるので、１食として成立できる。
- お弁当など、持ち運びも便利。

- 形、アレンジなどが自由で、カラフルにも作れるので、オシャレに演出できる。
- 季節の旬のものを取り入れやすい。
- 片手で持てるので、食べやすい。
- お酢に静菌作用があるので、お弁当としても最適。
- 主食としてはもちろん、おつまみ、おやつにもなる（本書、3章、4章を参照のこと）。
- パーティーでも主役になれる。
- 今までの「お寿司」と違って、日常的に、朝食やランチとしてもぴったり。
- お酢でリフレッシュ、食べると元気が湧く。
- 具を多くすれば、満足感アップ。
- さっぱりするので、おいしくいただける。
- 時間のないときの「ちょこっと食べ」にも最適。
- こってりしたものに合わせたらさっぱりするし、洋風のものに合わせても味わいが深まる。

CONTENTS

1 季節のむすびすし

2 ランチでむすびすし

3 お酒のおつまみむすびすし

6 パーティーでむすびすし

すし飯の作り方
“教えます”

むすびすしのベースはすし飯です。すし酢を混ぜるだけでできる簡単すし飯。むすびすし2人分（普通の大きさで2個分）なら、茶碗の中で混ぜるだけ！

ごはんが茶碗1杯分の場合
（ごはん1杯＝160g）

① 茶碗によそったごはんに、小さじ2杯のすし酢をまわし入れる。

② 箸でごはん粒をつぶさないようにふんわり混ぜる。

ごはんの量が多い場合
（米１合〈炊き上げたごはん320g目安〉以上）

① ボウルに入れたごはんに、計量したすし酢（ごはん１合に対して大さじ２杯目安）をまわし入れる。

② ごはんに対してしゃもじを斜めに入れ、ごはん粒がつぶれないようにふんわり混ぜる。

1

季節の
むすびすし

● むすびすしのある風景

季節を
感じるのは
食
から!!
お花見
七夕
お月見
バレンタイン
一年中
行事
だらけ…
クリスマス
最近知ったのが
「すし飯を使った
むすびすし」!
形も具材も
組み合わせ
自由だから
こーんなに
季節を感じ
られる

お正月から始まり、節分やひな祭り、お花見に七夕、お月見など、ニッポンには季節に応じてさまざまな行事やイベントがあります。そして、それらを楽しむために欠かせないのが料理。旬のものを使って、季節を舌で味わいます。そんなときの料理はどうしても定番ものになりがち。もちろん、定番ものもいいですが、ここでは「むすびすし」を新提案！　すし飯に旬の食材を組み合わせてにぎるだけでできる「季節のむすびすし」。たったひとつのむすびすしの中に季節感がぎゅっと詰まっていて、おいしいだけじゃなく、見た目も華やかです。

調理時間
10分以内

1個分
154kcal

春

桜のむすびすし

お花見のお弁当にぴったりな、とってもかわいい桜のむすびすし。
桜えびの香ばしさと、桜の塩漬けの塩味がきいてます。

材料:2個分

すし飯 ―― 茶碗1杯分
桜えび(素干し) ―― 6g
桜の花(塩漬け) ―― 2つ

作り方

① すし飯に刻んだ桜えびを混ぜて2等分し、平たい丸形ににぎる。
② ラップに包み、輪ゴムで中心、左右斜めの3か所を二重に巻きつけ、花形になるようにする。
③ 形が落ち着いたら輪ゴム、ラップをはずし、桜の花をのせる。

調理時間 20分

1個分 162 kcal

春

わかめとたけのこのむすびすし

見た瞬間に春の香りが漂ってきそう……。
若竹煮を利用してもＯＫです。

材料：2個分（具材は作りやすい分量）

すし飯 —— 茶碗1杯分
たけのこ（水煮） —— 1本
わかめ（乾燥） —— 4g
白だし（高濃縮タイプ） —— 大さじ2
水 —— 1カップ
木の芽 —— 2本
のり —— 適量

作り方

① たけのこは食べやすい大きさに切る。わかめは水で戻しておく。小鍋に分量の水と白だしとたけのこを入れ、沸騰したら中火～弱火で煮る。水分が1/4量になったらわかめを入れ、サッと煮て火を止める。

② 汁けを絞ったわかめを刻み、すし飯に混ぜて2等分し、俵形ににぎる。

③ 適当な大きさに切ったたけのこをのせ、帯状に切ったのりで巻いてとめる。仕上げに木の芽を添える。

春のむすびすし
こんなのもあります！

イースターキャベツロールむすびすし

イースターのモチーフ・卵を混ぜ込んだすし飯をキャベツで包み込みました。

・材料：2個分　・すし飯：茶碗1杯分

具材　春キャベツ …… 2枚、ハム（細かく切る）…… 1枚、ゆで卵（細かく切る）…… 1/2個、ブラックペッパー …… 少々

作り方

① キャベツは塩ゆで（塩は分量外）し、水けをきっておく。

② すし飯にハム、ゆで卵、ブラックペッパーを混ぜて2等分し、丸くにぎって、キャベツを巻きつける。

菜の花の
むすびすし

春野菜の代表・菜の花の
おひたしを使います。

●材料：2個分　●すし飯：茶碗1杯分

具材　菜の花のおひたし …… 2株分、かつお節 …… 少々、のり …… 適量

作り方
① すし飯にかつお節を混ぜ2等分し、俵形ににぎる。
② ①に菜の花をのせ、帯状に切ったのりでとめる。

夏

枝豆とハムのむすびすし

夏のおつまみの代表選手、枝豆をむすびすしの具に！
風味豊かな枝豆とハムのうまみが際立ちます。

調理時間 10分以内

1個分 187kcal

材料：2個分

すし飯 —— 茶碗1杯分

枝豆（ゆでたもの・正味） —— 40g

ハム —— 1枚

白ごま —— 適量

作り方

① ハムは5mm四方に切る。すし飯に枝豆、ハム、白ごまを混ぜ合わせて2等分し、三角形ににぎる。

コーンと揚げ玉のむすびすし

夏

すし飯とコクのある揚げ玉が絶妙にマッチ!
コーンの甘みにピリリとブラックペッパーがきいています。

調理時間 10分以内

1個分 184kcal

材料:2個分

すし飯 —— 茶碗1杯分
コーン(缶詰・ホール) —— 40g
揚げ玉 —— 大さじ2
万能ねぎ(小口切り) —— 適量
ブラックペッパー —— 少々

作り方

① コーンは水けを拭いておく。すし飯に具材を混ぜ合わせて2等分し、丸くにぎる。

夏の
むすびすし
こんなのも
あります!

香味野菜と オクラの むすびすし

すし飯と相性抜群の夏野菜。
野菜それぞれのうまみや香りが楽しめます。

・材料:2個分　・すし飯:茶碗1杯分

具材　オクラのおひたし……2本、みょうが(せん切り)……1個分、しょうが(せん切り)……1/2片、のり……適量

作り方

① すし飯を2等分し、俵形ににぎる。

② ①にオクラのおひたし、みょうが、しょうがをのせ、帯状に切ったのりを巻いてとめる。

うなぎとガリの卵巻きむすびすし

土用丑の日の新定番！
うなぎのこってり感とガリの
さっぱり感のバランスが絶妙です。

・材料：2個分　・すし飯：茶碗1杯分

具材　うなぎの蒲焼き……30g×2枚、ガリ……4〜5枚、薄焼き卵……適量、青じそ……2枚

作り方
① すし飯を2等分し、俵形ににぎる。
② ①に青じそ、ガリ、うなぎの順にのせ、帯状に切った薄焼き卵を巻いてとめる。

秋

お月見むすびすし

きれいなお月さまを見ながら食べたい、お月見の新定番！
子どもも喜ぶ、煮卵をドンと使ったむすびすし。

調理時間
10分
以内

1個分
181
kcal

材料：2個分

すし飯 —— 茶碗1杯分

煮卵 —— 1個

万能ねぎ（小口切り） —— 適量

のり —— 適量

作り方

① すし飯に万能ねぎを混ぜ合わせ、2等分しておく。煮卵は縦半分に切る。

② すし飯を卵よりひとまわりほど大きめの卵形ににぎる。ラップの上に卵の面を下にして置き、その上ににぎったすし飯をかぶせて形を整える。

③ のりを細く切って帯状に巻く。

調理時間
10分
以内

1個分
219
kcal

秋

さんまと揚げ銀杏のむすびすし

秋の味覚をぎゅっと詰め込みました。
焼き魚は食べるのが面倒……なんて言わせません！

材料：2個分

すし飯 —— 茶碗1杯分
さんま —— 1/2尾
銀杏（ゆでたもの） —— 6粒
しょうが（せん切り） —— 2g
揚げ油 —— 適量

作り方

① さんまは塩（分量外）をふり、焼いて、身をほぐす。
② 銀杏（ゆでたもの）はサッと揚げ、半分に切る。
③ すし飯に具材を混ぜ合わせて2等分し、三角形ににぎる。

秋の
むすびすし
こんなのも
あります！

しいたけの甘辛むすびすし

すし飯につくだ煮の甘辛さが加わって
飽きさせないおいしさです。

- 材料：2個分
- すし飯：茶碗1杯分

具材 しいたけのつくだ煮……小6枚、昆布のつくだ煮（細かく刻む）……6枚分、白ごま……適量

作り方
① すし飯に昆布と白ごまを混ぜて2等分し、丸くにぎる。
② ①の上にしいたけをのせる。

焼きなすと金山寺みそのむすびすし

見た目は普通なのに
なすとしょうがと金山寺みそのトリオの
おいしさにびっくり！

・材料：2個分　・すし飯：茶碗1杯分

具材
なす……1/4本、サラダ油……適量、しょうが（せん切り）……1/2片、金山寺みそ……10g、のり……適量

作り方
① なすはスライスし、油をひいたフライパンで焼き目をつけるように焼く。
② なすとしょうがを中心に添えながら、2等分したすし飯を三角形ににぎる。
③ のりを巻いて、金山寺みそをのせる。

調理時間
10分
以内

1個分
227
kcal

冬

お正月のむすびすし

おせちとして、お重の中に入れてもさまになる華やかさ。
かずのこの歯ごたえがあって、かつお節のだしがきいておいしい。

材料：2個分

すし飯 —— 茶碗1杯分
かまぼこ —— 4切れ
かずのこ —— 1切れ
かつお節 —— 3g
黒豆（煮豆） —— 6粒

作り方

① かずのこ、かまぼこは5mm角に切っておく。
② すし飯に①、かつお節を混ぜ込んで2等分し、少し平たい丸の形ににぎる。
③ ラップに包み、輪ゴムで中心、左右斜めの3か所を二重に巻きつけ、花形になるようにする。
④ 形が落ち着いたら輪ゴム、ラップをはずし、中心に黒豆をのせる。

※「かずのこ」は、塩抜きをしたものを使用。

調理時間
10分
以内

1個分
148
kcal

冬

白菜と柚子のむすびすし

柚子のさわやかな風味で食がすすみます！
漬け物とすし飯は相性抜群です。

材料：2個分

すし飯 —— 茶碗1杯分

白菜漬け —— 2枚

柚子（果皮） —— 適量

作り方

① 2等分したすし飯を丸くにぎる。

② 汁けを絞った白菜漬けを①に巻きつけ、柚子皮をのせる。

冬の
むすびすし
こんなのも
あります!

かにと桜えびの むすびすし

**かにとえびの豪華な組み合わせ。
お歳暮などのいただきものを利用して。**

・材料：2個分　・すし飯：茶碗1杯分

具材　かにのほぐし身……20g、桜えび……ふたつまみ、
春菊（みじん切り）……10g、のり……適量

作り方
① かにのほぐし身は水けをきっておく。
② すし飯に①、桜えび、春菊を混ぜ込んで2等分し、俵形ににぎる。
③ 帯状に切ったのりを巻く。

クリスマスのむすびすし

赤と緑のクリスマスカラーに仕上げました。
トッピングを生ハムにしてもOKです。

● 材料:2個分 ● すし飯:茶碗1/2杯分

具材

赤パプリカ(みじん切り)……10g、ブロッコリー(みじん切り)……1房、ハム(みじん切り)……1/2枚分、オリーブオイル……少々、塩・こしょう……各少々、スライスチーズ……1/4枚、アボカド……適量

作り方

① 赤パプリカ、ブロッコリー、ハム、オリーブオイル、塩・こしょうをすし飯に混ぜて2等分し、てまりすしの形ににぎる。

② 適当な大きさに切ったアボカドとチーズをのせ、ピックでとめる。

②

ランチで
むすびすし

むすびすしのある風景

毎日のランチ…
外食はお金かかるし
カロリー高いし
かといって作るのは
めんどくさ…
でも
むすびすしにすると
ムニッ
ムニッ
いろんな具材を入れてカラフルにできるし
ちょこっとだけでもボリューム感が出せる
なにより、おかずを作らなくても、
むすびすしだけで、ちょっぴりバランス
のとれたオシャレで立派なランチに！

決められた時間内にさくっと食べられて、お金はそんなにかけたくなくて、午後からのことを考えるとある程度のボリューム感だってほしい！　もちろん、見た目も、きれいで楽しくおいしそうに作りたい！　わがまま言いたい放題みたいですけど、ランチの条件って、みなさん、こんな感じではありませんか？　むすびすしなら、これらの条件をオールクリア。片手で簡単に食べられ（午後からの会議の資料を読みつつ……なんてこともできる！）、ごはんと少しの材料で作れるから外食よりもダンゼン経済的だし、用意にかかる時間も意外に少ない。から揚げや煮卵などを具材にすれば、ボリューム感も満点。〝弁当男子〟の進化系は〝むすびすし男子〟かも。

調理時間
15分

1個分
271
kcal

カラフル
ランチ

ガパオ風むすびすし

エスニック料理好きにはたまりません！
バジルのさわやかな香りで食がすすみます。

材料：2個分

すし飯 —— 茶碗1杯分
バジルソース —— 20g
サラダ油 —— 適量
豚ひき肉 —— 40g
赤パプリカ —— 10g
ピーマン —— 10g
オイスターソース —— 少々
ナンプラー（魚醤）—— 少々
うずらの卵（水煮）—— 1個

作り方

① 赤パプリカ、ピーマンはみじん切りにする。うずらの卵は半分に切っておく。
② フライパンにサラダ油、豚ひき肉、パプリカ、ピーマンを合わせて炒める。余分な油をペーパータオルでサッと拭き取り、オイスターソース、ナンプラーで調味する。
③ すし飯に②とバジルソースを混ぜ合わせて2等分にし、平たい丸の形ににぎる。
④ うずらの卵をのせる。

カラフルランチ

鮭オリーブナッツのむすびすし

すし飯にオリーブ？これが思いのほか合うからびっくり！
鮭、オリーブ、くるみのすべての具材が際立ちます。

調理時間 10分以内

1個分 237 kcal

材料：2個分

すし飯 —— 茶碗1杯分

くるみ —— 3〜4粒

鮭フレーク —— 大さじ1

グリーンオリーブ —— 2粒

作り方

① グリーンオリーブはスライスする。くるみは適当な大きさに砕く。

② 2等分したすし飯に具材を混ぜ込み、三角形ににぎる。

えびのエスニックむすびすし

生春巻きのむすびすし版！
全体を包んだライスペーパーがモッチモチです。

カラフルランチ

調理時間 10分以内

1個分 203 kcal

材料：2個分

すし飯 —— 茶碗1杯分

豆板醤《トウバンジャン》 —— 少々

ライスペーパー —— 2枚

むきえび —— 2尾

リーフレタス —— 1枚

コリアンダー（香菜《シャンツァイ》） —— 適量

作り方

① すし飯に豆板醤を混ぜて2等分し、三角形ににぎる。

② むきえびは背わたを取り、ゆでる。

③ ぬらして戻したライスペーパーの中央に半分にちぎったリーフレタス、コリアンダー、えびを置き、その上に①をのせて巻く。

調理時間
10分
以内

2個分
230
kcal

カラフル
ランチ

明太ごまとブロッコリーのむすびすし

ピリ辛のなかに香ばしさがじんわり。
ブロッコリーはカリフラワーに変えてもＯＫです。

材料：4個分

すし飯 —— 茶碗1杯分
ブロッコリー —— 4房
辛子明太子 —— 1/2腹
黒ごま —— 適量
くるみ —— 2個

作り方

① お湯をわかし、塩（分量外）を入れて、ブロッコリーをゆでる。くるみは砕く。
② すし飯に辛子明太子、黒ごま、くるみを混ぜ合わせ、4等分し、丸くにぎる。
③ ブロッコリーを②の上に差し込む。

1
2
3

カラフルランチ

むすびすしアソート

小ぶりなおむすび3個で1セット。
3個全部おいしいから、好きな順番なんてつけられない！

調理時間
10分以内

1セット分
320kcal

材料：2セット分

すし飯 —— 100g×3
鮭フレーク —— 大さじ1/2
柚子（果皮） —— 少々
野沢菜漬け —— 10g
辛子明太子 —— 1/6腹
白ごま —— 小さじ2
溶き卵 —— 20g
とびこ —— 6g

作り方

1. 鮭と柚子のむすびすし

すし飯100gに鮭フレークと柚子皮を混ぜて2等分し、三角形ににぎる。

2. 野沢菜明太のむすびすし

すし飯100gに刻んだ野沢菜、ほぐした辛子明太子、白ごまを混ぜ込んで2等分し、三角形ににぎる。

3. 卵ととびこのむすびすし

フライパンで溶き卵を加熱してそぼろ状にする。すし飯100gにそぼろととびこを混ぜて2等分し、三角形ににぎる。

カラフル
ランチの
むすびすし
こんなのも
あります!

豆とドライカレーのむすびすし

カレーとお酢が合うことは、
お酢好きには有名な話。レーズンの
甘さがカレーを引き立てます。

・材料：2個分　・すし飯：茶碗1杯分

具材 ミックスビーンズ（水煮）……16g、カレー粉……少々、豚ひき肉……30g、レーズン……10g、塩・こしょう……各少々、サラダ油……適量

作り方
① レーズンは細かく刻んですし飯と混ぜ、2等分し、丸くにぎる。
② 熱いフライパンに油をひき、炒めたひき肉とミックスビーンズをカレー粉と塩・こしょうで調味し、①にのせる。

えびアボ
バジルの
むすびすし

女性が大好きなえび、
アボカド、バジルの組み合わせ。
さわやかな色合いで食がすすみます！

● 材料：2個分　● すし飯：茶碗1杯分

具材
ゆでえび……4尾、アボカド（角切り）……1/4個、たまねぎ（みじん切り）……大さじ1、バジル（乾燥）……少々

作り方
① たまねぎは水にさらし、水けをきっておく。
② すし飯に、①、えび、アボカド、バジルを混ぜ2等分し、三角形ににぎる。

Ce qui compte c'est le désir de trans

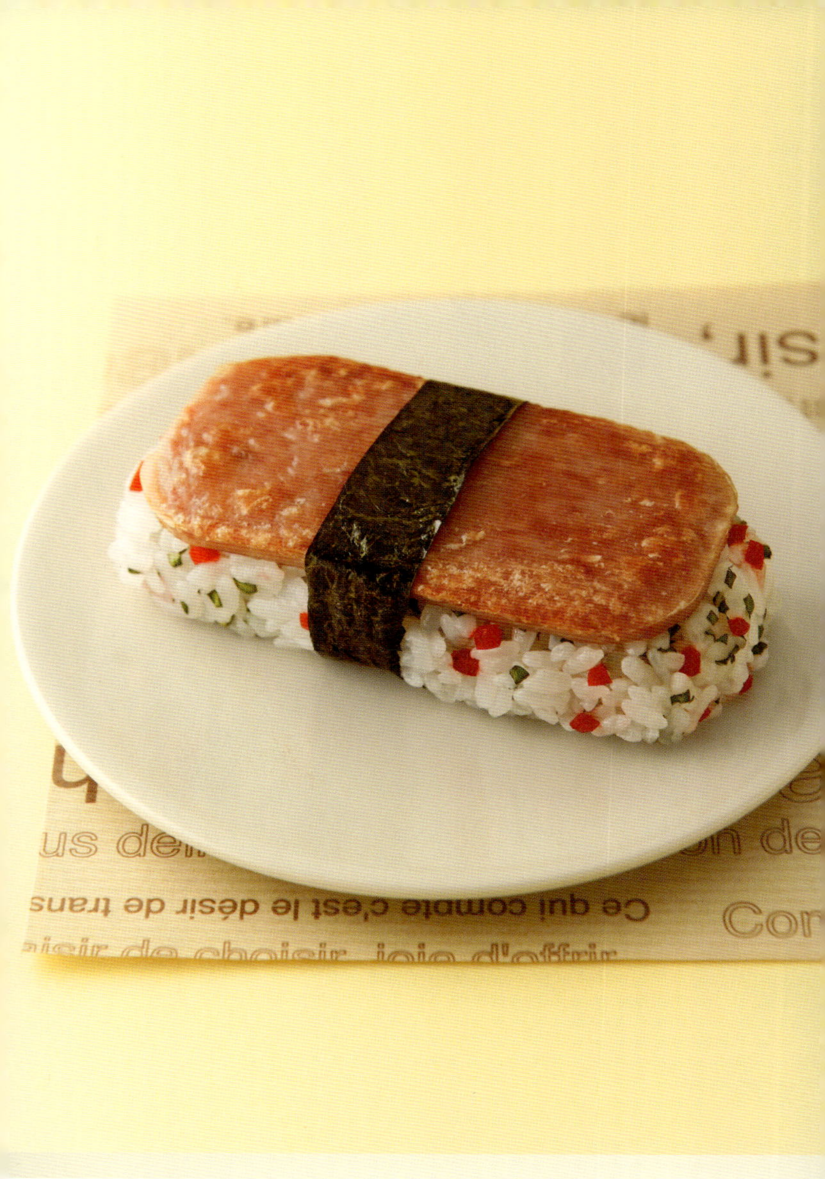

調理時間
10分
以内

1個分
287
kcal

カリカリ梅としその
ポークランチョンミートむすびすし

ランチョンミートのコクとすし飯のさっぱりさのマリアージュ。
クセになるおいしさです。

ボリューム
感のある
ランチ

材料：2個分

すし飯 —— 茶碗1杯分

カリカリ梅 —— 2個

青じそ —— 4枚

ランチョンミート —— 2枚分

のり —— 適量

作り方

① カリカリ梅と青じそをみじん切りにする。すし飯に混ぜて2等分し、ランチョンミートの大きさに合わせて長方形ににぎる。

② ランチョンミートはフライパンで表面を焼いておく。

③ ①と②を組み合わせ、のりを帯状に切って中心に巻く。

調理時間
10分
以内

1個分
230
kcal

ボリューム
感のある
ランチ

鶏からサラダのむすびすし

から揚げがあるから、1個だけでもボリューミー。
きゅうりとにんじんが入っていて、味・見た目も◎。

材料:2個分

すし飯 —— 茶碗1杯分
鶏のから揚げ(惣菜) —— 2個
きゅうり —— 20g
にんじん —— 20g
柚子こしょう —— 少々

作り方

① きゅうりとにんじんはせん切りにし、塩(分量外)をふり、10分ほどおいたら水で洗い、水けを絞っておく。

② すし飯に①と柚子こしょうを混ぜ込んで2等分し、鶏のから揚げをはさみながら三角形ににぎる。

調理時間
10分以内

1個分
220 kcal

ボリューム感のあるランチ

半熟卵とチャーシューのむすびすし

チャーシューとすし飯の相性のよさにびっくり！
ブラックペッパーが全体を引き締めます。

材料：2個分

すし飯 —— 茶碗1杯分
メンマ —— 10g
焼き豚 —— 20g
万能ねぎ（小口切り） —— 適量
ブラックペッパー —— 少々
ごま油 —— 少々
煮卵 —— 1個

作り方

① すし飯に粗みじん切りにしたメンマ、角切りにした焼き豚、万能ねぎ、ブラックペッパー、ごま油を混ぜて2等分し、丸くにぎる。
② 半分に切った煮卵を①の中心にのせ、ギュッと押し込む。

ボリューム感のあるランチのむすびすし
こんなのもあります！

タラモチーズむすびすし

人気のタラモをむすびすしにしました。チーズがまろやかなアクセントに。

● 材料：2個分　● すし飯：茶碗1杯分

具材
たらこ……1/5本、じゃがいも（角切り）……10g、粉チーズ……小さじ1/2、万能ねぎ（小口切り）……適量

作り方
① じゃがいもは下ゆでし、やわらかくしておく。
② すし飯に、①、たらこ、粉チーズ、万能ねぎを混ぜて2等分し、三角形ににぎる。

焼き肉とナムルの韓国風むすびすし

焼き肉のうまみとすし飯のすっぱさが見事に融合！ボリューム感に満足。

・材料：3個分　・すし飯：茶碗1杯分

具材　牛肉（焼き肉のタレで味付け）……60g、ナムル……50g、のり……全形1枚、キムチ……70g

作り方

① 牛肉を焼く。

② のりは半分に切り、縦に並べ、すし飯を全体に広げる。

③ ①、キムチ、ナムルを②の芯となる部分に置き、うずまき形になるように巻く。

④ 3等分に切り分ける。

調理時間
10分

1個分
187
kcal

ヘルシー
感のある
ランチ

雑穀とじゃこのむすびすし

五穀米を使ったヘルシーなむすびすし。
小松菜としらす干しを炒めた具材を混ぜたら大人の味に。

材料：2個分

五穀米入りごはん —— 茶碗1杯分
すし酢 —— 小さじ2
小松菜 —— 40g
しらす干し（乾燥） —— 15g
サラダ油 —— 適量
白ごま —— 小さじ1

作り方

① 五穀米入りごはんにすし酢を混ぜてすし飯を作る。小松菜は細くきざむ。
② フライパンにサラダ油、小松菜、しらす干しを入れてサッと炒める。
③ ①、②、白ごまを合わせて2等分し、丸くにぎる。

調理時間
10分
以内

1個分
231
kcal

ヘルシー感のあるランチ

切り干し大根と鶏のカレーむすびすし

カレーの風味は、お酢の酸味と抜群に相性がいいのです。
切り干し大根でヘルシー感アップ!

材料:2個分

すし飯 —— 茶碗1杯分
切り干し大根 —— 10g
鶏ひき肉 —— 40g
サラダ油 —— 適量
塩・こしょう —— 各少々
カレー粉 —— 小さじ1

作り方

① 切り干し大根は水で戻し、ギュッと水けを絞っておき、適当な大きさに刻んでおく。
② フライパンにサラダ油をひいて、①の切り干し大根、鶏ひき肉を炒め、塩・こしょう、カレー粉で調味する。
③ すし飯と②を混ぜ合わせ2等分し、丸くにぎる。

調理時間
15分以内

1個分
222kcal

ヘルシー感のあるランチ

角切りピクルスと蒸し鶏のむすびすし

すし飯とピクルスはお酢を使った親戚仲間。合わないわけがありません。
蒸し鶏が入っているので、満足感もあります。

材料：2個分

すし飯 —— 茶碗1杯分
鶏ささみ —— 1本
塩 —— 少々
酒 —— 小さじ1
きゅうり、セロリ、赤パプリカ、黄パプリカ —— 合わせて50g
粒マスタード —— 少々
すし酢 —— 大さじ2

作り方

① 鶏ささみは真ん中に切り込みを少し入れ、塩をして酒をふり、ラップをかけて電子レンジ600Wで1分ほど加熱する。
② 鶏ささみは粗熱が取れたら、適当な大きさに手でさき、粒マスタードとあえる。
③ 野菜は角切りにし、すし酢で10分ほど漬けておく。
④ 鶏ささみと、③の水けをきった野菜をすし飯に混ぜて2等分し、三角形ににぎる。

調理時間
10分
以内

1個分
197
kcal

ヘルシー感のあるランチ

梅ひじきのむすびすし

すし飯とカリカリ梅、ひじきが相まった甘ずっぱさがおいしい。
ひじきはお惣菜を使えばより簡単にできます。

材料：2個分

すし飯 —— 100g
ひじき（乾燥）—— 2g
めんつゆ（濃縮2倍）—— 小さじ4
水 —— 大さじ2
カリカリ梅 —— 4個
すり白ごま —— 適量

作り方

① ひじきは水で戻し、めんつゆと水を合わせて小鍋に入れ、水分がなくなるくらいまで煮含める。

② すし飯と①、粗みじんに切ったカリカリ梅、すりごまを混ぜて2等分し、三角形ににぎる。

調理時間
10分以内

1個分
214 kcal

ヘルシー感のあるランチ

ツナマヨネーズとミックスビーンズのむすびすし

ストック食材だけで作れるのがうれしい！
豆がたっぷり入っていて、意外とボリューム感があります。

材料：2個分

すし飯 —— 茶碗1杯分
ツナ（缶詰） —— 20g
マヨネーズ —— 大さじ1/2
ミックスビーンズ —— 30g
ブラックペッパー —— 少々
パセリ（みじん切り） —— 少々

作り方

① ツナは油をきって、マヨネーズと混ぜる。

② すし飯に①とほかの材料を混ぜ合わせて2等分し、三角形ににぎる。

ヘルシー感のあるランチのむすびすし
こんなのもあります!

ささみときゅうりの梅むすびすし

ヘルシーな食材を組み合わせたさっぱり系のむすびすし。梅の酸味で味をひきしめます。

・材料:2個分　・すし飯:茶碗1杯分

具材 カリカリ梅(刻む)……4個、鶏ささみ……20g、料理酒……適量、きゅうり(せん切り)……10g、のり……適量

作り方
① 鶏ささみに酒をふって電子レンジ600Wで1分加熱して蒸し鶏を作り、粗熱が取れたら、細かくさく。
② すし飯にカリカリ梅を混ぜ2等分し、三角形ににぎる。
③ ①ときゅうりをのせ、のりで巻く。

おからと
鶏そぼろの
2色むすびすし

おからパウダー＋豆乳で
簡単にできるおからを使用しました。

・材料：2個分　・すし飯：茶碗1杯分

具材　おからパウダー……3g、豆乳……小さじ2、鶏そぼろ……20g、錦糸卵……10g

作り方
① おからパウダーに豆乳を混ぜる。
② すし飯に、①、鶏そぼろ、錦糸卵を混ぜ、三角形ににぎる。

調理時間
10分
以内

1セット分
234
kcal

家族でランチ

クマさんのむすびすし

子どものお弁当にはコレ！
かわいすぎて食べられるか……それが問題!?

材料：2セット分

すし飯 —— 茶碗1杯分

魚肉ソーセージ —— 5mm幅×8枚

パスタ —— 1本

スライスチーズ —— 1枚

鮭フレーク —— 10g

のり —— 適量

作り方

① すし飯を2等分し、一方にだけ鮭フレークを混ぜる。それぞれ2つずつ、平たい丸の形ににぎる。

② スライスチーズを丸く切り、のりは丸と細長く切って①にのせて顔を作る。輪切りにした魚肉ソーセージにパスタを刺し、耳にしてむすびすしにつける。

調理時間
15分

1個分
202
kcal

家族でランチ

五目むすびすし

幅広い年齢層に愛されるちらし寿司のむすびすし版！
王道のおいしさもワンハンドで。

材料：2個分

すし飯 —— 茶碗1杯分
にんじん —— 20g
油揚げ —— 1/4枚
めんつゆ（濃縮2倍） —— 大さじ2
水 —— 大さじ2
錦糸卵 —— 適量
イクラ —— 適量
むきえび —— 1尾

作り方

① にんじんと油揚げは細切りにする。小鍋にめんつゆと水、にんじんと油揚げを入れ、水分がなくなるくらいまで煮含める。
② むきえびはお湯でサッとゆで、厚みを半分に切る。
③ すし飯に①の汁けをよくきったものを混ぜ込んで2等分し、平たい丸の形ににぎる。
④ 表面に錦糸卵、えび、イクラを飾る。

家族で
ランチの
むすびすし

こんなのも
あります!

コーンバター むすびすし

子どもが大好きなコーンを使ったむすびすし。のりをはって、サッカーボールに見立てても。

・材料：2個分　・すし飯：茶碗1杯分

具材　コーン（缶詰・ホール）……40g、バター……5g

作り方　① すし飯にバターとコーンを混ぜ、2等分して丸くにぎる。

5種のネタの むすびすし

オーソドックスなすしのネタをおむすび形にしました。
これひとつでいろいろな味が楽しめます。

・材料：2個分　・すし飯：茶碗1杯分

具材　づけまぐろ……10g、厚焼き卵……10g、サーモン……10g、イクラ……6g、しめさば……10g

作り方
① すし飯を2等分し、平たい丸の形ににぎる。
② 具材をのせる。

③

お酒のおつまみ むすびすし

● むすびすしのある風景

お酒のつまみ、ささっと作れるのが、いい女〜
キラーン
お酒のおつまみって、マンネリ化しがち…。いつものおつまみを「むすびすし」にアレンジすると…！
待たせずササッと作れて見た目もステキ♥
おつまみ用むすびすしは…
彼も満足
女子会でも人気
ひとり酒も充実…
サビシイけど、ま、いいか！

突然、家飲み決定。そこで、「すぐできるから」とキッチンに入って、あっという間にお皿の上にむすびすしを盛りつけてリビングに登場。待ち人は、まずそのシャレた佇まいに感動！　口に入れてまた感動！　ほんのり香るすし飯と「酒の肴」のコンビネーションが、こんなにお酒との相性がいいなんて！　お酒を飲んでいると、ちょっとお米を口にしたくなるもの。そんなとき、こんなミニサイズのむすびすしを出してはどうでしょう？酒のつまみって、結構マンネリになりがち。そこで、普段そのままつまみとして出している素材を「むすびすし」にしてみたら……という発想から、生まれました。ふだんのつまみが、とってもおいしい「おつまみ系むすびすし」になったのです。

チーちくみそのむすびすし

みそマヨがちょうどいいアクセントに。
日本酒や焼酎のおともにどうぞ。

調理時間
10分
以内

1個分
108
kcal

材料：2個分

すし飯 —— 茶碗1/2杯分
プロセスチーズ —— 10g
のり —— 全形1/16×2枚
みそ —— 少々
マヨネーズ —— 少々
ちくわ —— 小1本
のり —— 帯状×2枚

作り方

① すし飯に角切りにしたチーズを混ぜ込んで2等分し、四角くにぎる。
② みそとマヨネーズを同じ分量で混ぜる。
③ ①の上にのりを置き、その上にみそマヨを塗る。
④ ちくわは輪の1か所を切り、開いて2等分にし、③の上にのせる。
⑤ 仕上げに帯状に切ったのりを巻く。

調理時間
5分
以内
1個分
88
kcal

がっこチーズのむすびすし

スモーキーな風味に
日本酒や焼酎がどんどんすすみます。

材料：2個分

すし飯 —— 茶碗1/2杯分
プロセスチーズ —— 8g
いぶりがっこ —— 8g

作り方

① すし飯に角切りにしたチーズといぶりがっこを混ぜて2等分し、丸くにぎる。

調理時間
5分
以内

1個分
105
kcal

オリーブとサラミのチーズむすびすし

味はイタリアンテイスト!?
ひとくち食べたら「ワインちょうだい!」と言いたくなります。

材料:2個分

すし飯 —— 茶碗1/2杯分
ブラックオリーブ —— 2個
サラミソーセージ —— 10g
粉チーズ —— 小さじ1
ブラックペッパー —— 少々

作り方

① すし飯に刻んだブラックオリーブ、サラミソーセージ、粉チーズ、ブラックペッパーを混ぜて2等分し、丸くにぎる。お好みで、最後に粉チーズ(分量外)をかける。

ピンクのポテサラピンチョスむすびすし

パーティーにもぴったりなかわいいむすびすし。
すし飯、トマト、ポテサラの微妙なすっぱさが絶妙にマッチ。

調理時間 10分以内

1人分 158 kcal

材料：6人分（写真は2人分）

米 —— 1合
黒豆（乾燥）—— 10g
水 —— 大さじ2
すし酢 —— 大さじ2
ポテトサラダ —— 150g
ミニトマト —— 5個
ブラックペッパー —— お好みで
オリーブオイル —— お好みで

作り方

① ピンクのすし飯を作る。黒豆と分量の水を耐熱容器に入れてラップをし、電子レンジ600Wで1分加熱する。洗った米に汁ごと加え、すし飯用の水加減で炊飯する。炊き上がったら、すし酢を入れて混ぜ合わせる。

② 牛乳パックの一面をはさみで切って開け、箱の形にする。中にラップをしき、①を入れる。上から押さえ、押し寿司にする。

③ 形が落ち着いたら箱からラップごとはずし、包丁を水でサッとぬらし、ひとくちサイズに切り分ける。

④ お皿に並べて、ポテトサラダを適量ずつのせ、1/4サイズに切ったミニトマトをのせ、ピックで刺す。仕上げにお好みで、ブラックペッパーとオリーブオイルをかける。

いかの塩辛と柚子こしょうのむすびすし

日本酒のおともに！

塩辛の横にちょこんとのせた柚子こしょうがぴりっときいてます。

調理時間
10分
以内

1個分
78
kcal

材料：2個分

すし飯 —— 茶碗1/2杯分

いかの塩辛 —— 10g

青のり —— 適量

柚子こしょう —— 少々

作り方

① すし飯を2等分し、平たい丸形ににぎる。

② ①のまわりに青のりをぐるっとまぶす。中心に、いかの塩辛と柚子こしょうをのせる。

ピーナッツとフライドオニオンのむすびすし

ひとくち食べたときの食感が抜群。
香ばしくて、ビールのおつまみにぴったりです。

調理時間 10分以内

1個分 107kcal

材料：2個分

すし飯 —— 茶碗1/2杯分
ピーナッツ —— 6粒
フライドオニオン —— 5g
ブラックペッパー —— 少々

作り方

① すし飯に粗めに砕いたピーナッツ、フライドオニオン、ブラックペッパーを混ぜる。

② ①を2等分し、三角形ににぎる。

調理時間
10分
以内

1個分
136
kcal

焼きとりむすびすし

焼きとりの缶詰を利用しているので
お酒を飲んでいる途中でも、ぱぱっと簡単に作れます。

材料：2個分

すし飯 —— 茶碗1/2杯分
粉山椒 —— 少々
焼きとり（缶詰） —— 3~4切れ
長ねぎ —— 2cm×2本

作り方

① すし飯に粉山椒を混ぜて2等分し、平たい丸形ににぎる。
② 長ねぎはぶつ切りにし、フライパンで焼き目がつくまで焼く。
③ ①の上に②と焼きとりをのせる。

コンビーフと揚げ玉のむすびすし

コンビーフと揚げ玉でうまみとコクがたっぷり。
赤ワイン片手につまみたい。

調理時間 10分以内

1個分 100kcal

材料：2個分

すし飯 —— 茶碗1/2杯分

コンビーフ —— 15g

たまねぎ（みじん切り） —— 大さじ1

揚げ玉 —— 大さじ1

作り方

① みじん切りにしたたまねぎは、水に少しさらし、水けをしっかり拭いておく。

② すし飯に①、コンビーフ、揚げ玉を混ぜ合わせて2等分し、丸くにぎる。

刻みザーサイと厚切り焼き豚のむすびすし

お酒がよくすすむザーサイと焼き豚。味の濃い具材でもすし飯でさっぱりといただけます。

●材料:2個分　●すし飯:茶碗1/2杯分

具材 ザーサイ…16g、焼き豚……20g、万能ねぎ(小口切り)……少々

作り方
① ザーサイを刻んで、すし飯に混ぜて2等分し、平たい丸の形ににぎる。
② ①に半量ずつ焼き豚をのせ、万能ねぎをトッピング。

柚子みそチーズのむすびすし

柚子のさわやかな風味と、チーズ+白みその発酵コンビはビール、日本酒、焼酎とどんなお酒にも合います。

●材料:2個分　●すし飯:茶碗1/2杯分

具材 刻み柚子……1g、クリームチーズ……5g、白みそ……小さじ1/2

作り方
① すし飯に刻み柚子を混ぜて2等分し、三角形ににぎる。
② ①にクリームチーズと白みそを混ぜたものをのせる。

※「柚子」はフリーズドライのものでもOK。

トリプルチーズのむすびすし

ワインに合うよう、3種のチーズを使いました。ゆっくりと味わって食べたい一品です。

● 材料:2個分　● すし飯:茶碗1/2杯分

具材 粉チーズ…小さじ1、ゴーダチーズ…8g、クリームチーズ…6g、レーズン…2粒、くるみ…1個、ブラックペッパー…少々

作り方
① 粉チーズと角切りにしたゴーダチーズ、ブラックペッパーをすし飯に混ぜて2等分し、平たい丸の形ににぎる。
② ①の上にクリームチーズを塗り、レーズンと半分に割ったくるみをトッピングする。

サーモンとアボカドのカナッペのむすびすし

カナッペ感覚で食べたいオードブルにもなるむすびすしです。

● 材料:4個分　● すし飯:茶碗1/2杯分

具材 鮭フレーク……5g、アボカド(マッシュ)……1/8個分

作り方
① すし飯を4等分し、平たい丸の形ににぎる。
② 鮭フレークとアボカドを混ぜ、①の上にのせる。

④

こんなとき……の
むすびすし

むすびすしのある風景

お酢をとると、元気になるよね〜
酢
リフレッシュしたいときとか
スポーツのあとにも
お酢で食がすすむのでぴったり!
ちょっと小腹が…♪
間食、夜食にもおすすめよ
お酢の風味のおかげでおいしくできるし、体にやさしい〜!

ちょっと遅い時間まで仕事だったから、忙しいから……など、気分やシチューエションによって、食べたいものは変わってきますね。4章のレシピを作っていただければ、「時間のない朝に」「スポーツのあとに」「おやつに」「夜食に」――いかにむすびすしがぴったりか、わかっていただけると思います。お酢はさっぱりしているから、寝起きや、スポーツのあとにも、つい食べたくなります。時間のない朝や、仕事が終わるのが夜遅くて食事を作る気分にならないときでも、手間いらずで大助かり。間食や夜食にも合うように、アレンジもしてみました。まさかの〝スイーツむすびすし〟も紹介しますよ。これがまた、絶品なのです。

調理時間
10分
以内

1個分
375
kcal

時間がない朝……

BL Tamagoのむすびすし

忙しい朝に、支度をしながらでも食べられるお手軽さ。
下のほうをワックスペーパーなどで巻いておけば、手も汚れません。

材料：2個分

すし飯 —— 茶碗1/2杯分
トマトケチャップ —— 小さじ1
ベーコン —— 1枚
卵 —— 2個
トルティーヤ —— 2枚
リーフレタス —— 1枚
マヨネーズ —— 適量

作り方

① すし飯にトマトケチャップを混ぜて2等分する。
② ベーコンは表面をサッと焼く。卵は黄身を少し崩しながら、両面を焼く。
③ トルティーヤに半分にちぎったリーフレタス、②、①、マヨネーズの順にのせて巻く。もう1個も同様にする。

調理時間
10分
以内

1個分
208
kcal

時間がない朝……

しらすとアボカドのむすびすし

時間はないけど、朝からしっかりとした食事をとりたい人におすすめ。
「森のバター」とも呼ばれるアボカドに練りわさびを加えたら、間違いのないおいしさ。

材料：2個分

すし飯 —— 茶碗1杯分
アボカド（小） —— 1/2個
しらす干し（生） —— 大さじ1と1/2
白ごま —— 小さじ1強
練りわさび —— 小さじ1/3

作り方

① アボカドは1cm角切りにする。
② すし飯にしらす、わさび、白ごまを混ぜ合わせ、最後にアボカドを混ぜて2等分し、三角形ににぎる。

時間がない朝……のむすびすし

こんなのもあります！

ソーセージとピクルスキャベツのむすびすし

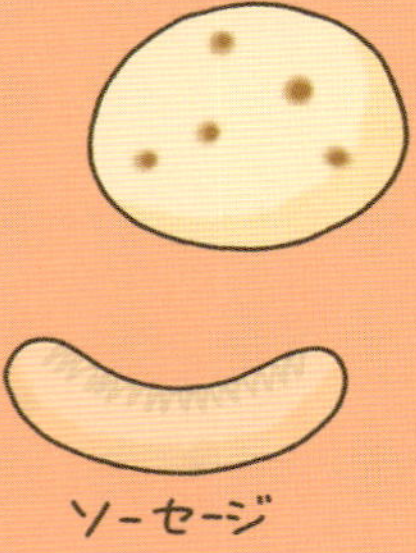

時間のない朝におすすめ！
朝食のワンプレートをこの中に詰め込みました。

・材料：2個分　・すし飯：茶碗1/2杯分

具材　ソーセージ……2本、キャベツの酢漬け……80g、粒マスタード……適量、トルティーヤ……2枚

作り方

① ソーセージをゆでる。

② トルティーヤの上に半量のすし飯をのせて広げ、ソーセージ、キャベツの酢漬け、粒マスタードをのせて巻く。

干物と刻みたくあんの むすびすし

**朝食は和食派だけど、ゆっくり食べる時間がない人に。
干物と漬け物が具材になったむすびすしです。**

- 材料:2個分
- すし飯:茶碗1杯分

具材 あじの干物……25g、刻みたくあん……10g、白ごま……適量

作り方 すし飯に、焼いてほぐした干物、刻みたくあん、白ごまを混ぜて2等分し、丸くにぎる。

調理時間
10分以内

1個分
170kcal

スポーツのあとにも……

梅と揚げ玉のむすびすし

梅と揚げ玉の組み合わせは意外でしょうか？

梅のさわやかな酸味と、揚げ玉のサクッとした食感はクセになりますよ！

材料：2個分

すし飯 —— 茶碗1杯分

梅干し（小） —— 2個

揚げ玉 —— 大さじ2

万能ねぎ（小口切り） —— 適量

作り方

① 梅干しは種を取り除き、叩いておく。

② すし飯に①、揚げ玉、万能ねぎを混ぜ合わせて2等分し、丸くにぎる。

スポーツのあとにも……

まるごと餃子のむすびすし

むすびすしの中には、餃子が1個まるごと入っています！
「餃子ライス」がこんな形になったら、いつでもどこでも食べやすいですね。

調理時間 10分以内

1個分 189 kcal

材料：2個分

すし飯 —— 茶碗1杯分

白ごま —— 1g

餃子 —— 2個

作り方

① すし飯に白ごまを混ぜて2等分する。

② ①の真ん中に焼いた餃子を置いて包み、餃子の形に合わせてにぎる。

スポーツのあとにも……のむすびすし

こんなのもあります！

ばらちらしのむすびすし

色合いもきれいで、元気が湧いてきそうな具材がいっぱいです。

●材料：2個分　●すし飯：茶碗1杯分

具材　錦糸卵……6g、すしえび……2尾、かに風味かまぼこ（ぶつ切り）……2本、きゅうり（薄切り）……10g、イクラ……6g

作り方

① きゅうりは塩もみ（塩は分量外）して、しんなりしたら水でサッと洗い、水けを絞る。

② すし飯に①と残りの材料を混ぜて2等分し、丸くにぎる。

豚キムチのむすびすし

テッパンの組みあわせ、
豚とキムチも、むすびすしでいつでも手軽に！

●材料：2個分　●すし飯：茶碗１杯分

具材　豚肉……30g、キムチ……15g、韓国のり……適量、サラダ油……適量

作り方
① フライパンに油をひき、豚肉とキムチを一緒に炒める。
② 2等分したすし飯で①を包んで三角形にむすび、まわりを韓国のりで巻く。

"ORG
HOME

調理時間

10分
以内

1個分

167
kcal

おやつにも……

メンチサンドのむすびすし

ひとくちサイズのメンチカツで、すし飯をサンド。
ミニサイズなので、小腹がすいたときにちょうどいい。

材料：2個分

すし飯 —— 茶碗1/2杯分

ピクルス —— 1本

メンチカツ（小） —— 2個

リーフレタス —— 1枚

ソース —— お好みで

作り方

① すし飯に刻んだピクルスを混ぜて2等分し、メンチカツの大きさに合わせて平たい丸形ににぎっておく。

② メンチカツは横半分に切り、半分にちぎったリーフレタス、①のすし飯をはさむ。お好みでソースをかけていただく。

調理時間
10分以内

1個分
130 kcal

おやつにも……

黒糖きなこの栗むすびすし

おやつに食べたい！ 栗の形をしたデザート感覚のむすびすし。
甘栗の甘さが際立ち、黒糖きなことも相性抜群です。

材料：2個分

すし飯 —— 茶碗1/2杯分
栗（市販の甘栗） —— 2粒
黒砂糖（粉末） —— 2g
きな粉 —— 2g
白ごま —— 適量

作り方

① 2等分したすし飯の中心に甘栗を入れ、三角形ににぎる。下から1/3まで白ごまをつける。

② 黒砂糖ときな粉を混ぜ合わせ、全体にまぶす。

EMBERT
Isigny

調理時間
10分
以内

1個分
136
kcal

おやつにも……

クリームチーズとドライマンゴーのむすびすし

すし飯にマンゴーとクリームチーズ？
意外な組み合わせは、想像を超えるおいしさ。別腹でいくつでも食べられそう。

材料：2個分

すし飯 —— 茶碗1/2杯分
マンゴー（乾燥） —— 1枚
クリームチーズ —— 20g
カシューナッツ —— 4粒

作り方

① マンゴー（乾燥）は細かく切る。カシューナッツは粗めに砕く。
② すし飯に①とクリームチーズを混ぜ込んで2等分し、丸くにぎる。

夜食にも……

とろろ昆布としそのむすびすし

夜食に食べたい、体にやさしいむすびすし。
とろろ昆布は食べる直前に巻くと、香りよく、ふわっと仕上がります。

調理時間 10分以内

1個分 147kcal

材料：2個分

すし飯 —— 茶碗1杯分
しそふりかけ —— 1g
とろろ昆布 —— 適量

作り方

① すし飯にしそふりかけを混ぜて2等分する。

② 丸くにぎり、とろろ昆布を巻きつける。

夜食にも……のむすびすし

こんなのもあります!

チーズカレーのむすびすし

夜食やちょっと小腹がすいたときに。
みんな大好きなカレーもむすびすしに変身させます。

- 材料：2個分
- すし飯：茶碗1杯分

具材 カレー……50g、スライスチーズ……2枚

作り方
① 2等分したすし飯を平たい丸の形にぎる。
② ①にカレーをのせ、その上にスライスチーズをのせる。

冷や汁風
むすびすし

夜遅いから、軽めで体に
やさしそうなものを食べたいときに。
味噌汁を合わせれば、
冷や汁感覚で食べられます。

・材料：2個分　・すし飯：茶碗1杯分

具材　きゅうり（薄切り）……10g、青じそ（せん切り）……4枚、みょうが（せん切り）……1/2個、ツナ（缶詰・油はきる）……30g、白ごま……適量、おからパウダー……大さじ2

作り方
① きゅうりは塩もみ（塩は分量外）をして、少ししんなりしたら水でサッと洗い、水けを絞る。
② すし飯に、①とほかの材料を混ぜて2等分し、俵形ににぎる。

⑤

屋外で
むすびすし

●むすびすしのある風景

すし飯のいいところは、お酢って静菌効果があること。
お弁当にして外に持ち運ぶのもぴったり！
ピクニックに
運動会に！
ドライブに
あーん

「おすし」といえば、店や家庭の食卓で食べるのが一般的ですね。一方、「おむすび」は、屋外で食べるのにぴったりなもの。さて、見た目はおむすびでも、すし飯を使っているのが「むすびすし」です。お酢には静菌効果があるから、普通のおむすびよりも、もっと、外に持ち出して食べるのにぴったりな食べ物なんですよ。むすびすしの魅力を知ってしまったら、ピクニック、運動会、ドライブ……とさまざまなおでかけシーンに持参したくなること間違いなし！　屋外で食べる食事には、格別のおいしさがありますものね。私たちは、運動会用に、色分けしてバトンの形に仕上げた「バトンのむすびすし」なんていうむすびすしも考えました。作るほうも食べるほうも楽しめる……それがむすびすしなのです。

調理時間
10分
以内

1個分
212
kcal

ピクニックにも……

卵とお揚げのむすびすし

油揚げのうまみと、しば漬けのポリポリとした食感が際立ちます。
たくさん作ってピクニックに持って行きたい。

材料：2個分

すし飯 —— 茶碗1杯分
卵 —— 1/2個
しば漬け —— 2切れ
味つけ油揚げ —— 30g
サラダ油 —— 少々

作り方

① 卵はよく溶き、熱したフライパンにサラダ油をひいて、そぼろ状になるように混ぜながら炒める。
② しば漬けと味つけ油揚げは、軽く汁けを拭いてから刻む。
③ すし飯に①と②を混ぜ合わせて2等分し、三角形ににぎる。

HAMBURGER

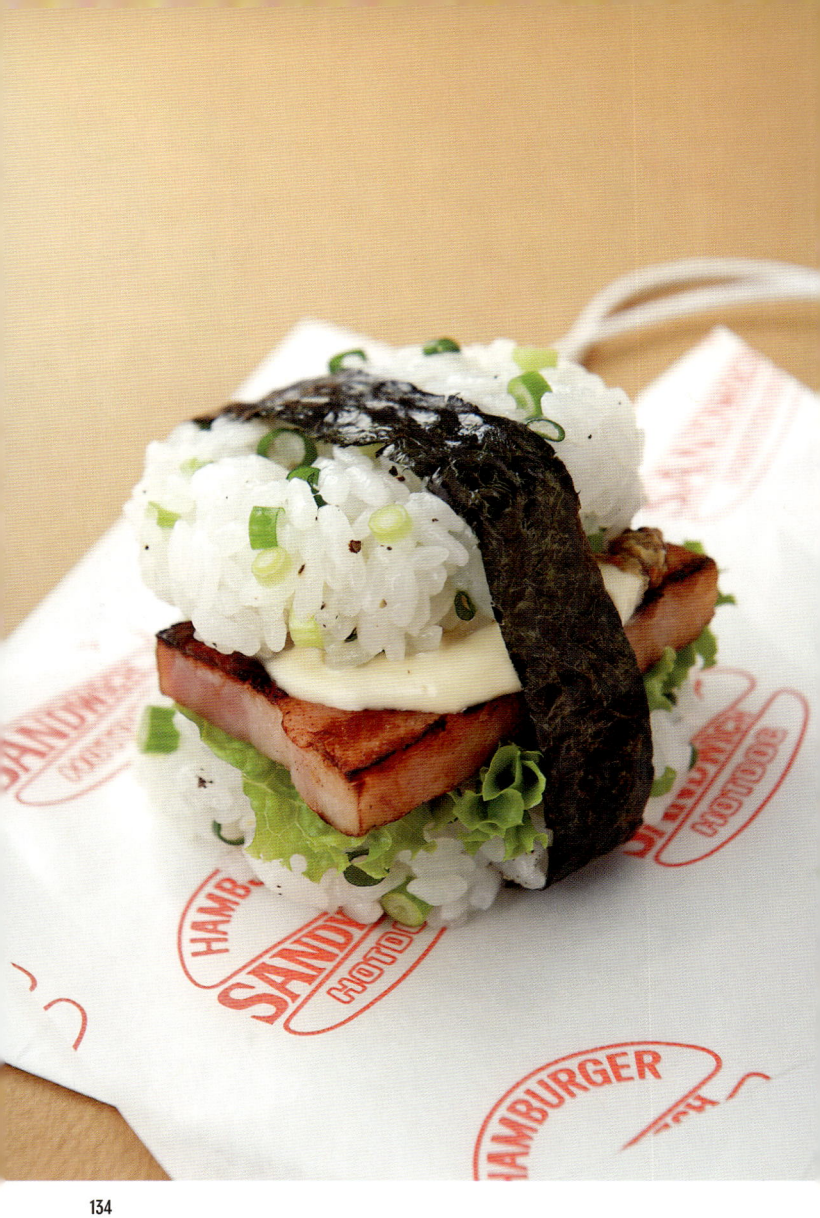

調理時間
10分以内

1個分
267kcal

ピクニックにも……

厚切りベーコンのバーガーむすびすし

すし飯でベーコンをはさんだバーガータイプのむすびすし。
ベーコンの脂もすし飯でさっぱりといただけます。

材料：2個分

すし飯 —— 茶碗1杯分
万能ねぎ（小口切り） —— 適量
ブラックペッパー —— 少々
ベーコン（厚切り） —— 25g×2切れ
リーフレタス —— 1/2枚
マヨネーズ —— 適量
粒マスタード —— 適量
のり —— 適量

作り方

① すし飯に万能ねぎとブラックペッパーを混ぜて4等分し、バンズの形にする。

② ベーコンはフライパンで焼き色をつけるように焼き、上面にマヨネーズと粒マスタードを塗る。

③ ①で、②と適当な大きさにちぎったリーフレタスをはさむ。帯状に切ったのりを巻きつける。

4
1
2
3

調理時間

15分
以内

1個分

195
kcal

運動会にも……

バトンのむすびすし

運動会のリレーで使うバトンに見立てました。
具材もボリューム感があって、これを食べたらリレーでも勢いがつきそう！

1. ハンバーグの白バトンむすびすし

材料：2個分

すし飯 —— 茶碗1/2杯分
白ごま —— 小さじ1
ハンバーグ —— 50g×2本
リーフレタス —— 1枚
赤パプリカ —— 5g×2本
のり —— 全形1/6×2枚

作り方

① ハンバーグは棒状にカットし、焼いておく。赤パプリカは棒状にスライスしておく。

② すし飯に白ごまを混ぜて2等分する。のりを縦長に置き、その上にまんべんなくすし飯を広げる。

③ 平らなところにラップをしき、②をのりが上面になるように置く。中心にハンバーグ、赤パプリカを置き、半分にちぎったリーフレタスをのせる。

④ ラップを手前から持ち上げながら奥に向かって巻く。ラップで全体を包み、バトンの形に整える。

調理時間
15分
以内

1個分
145
kcal

2. ソーセージとカレーコーンの黄色バトンむすびすし

材料：2個分

すし飯 —— 茶碗1/2杯分

カレー粉 —— 小さじ2/3

コーン（缶詰・ホール）—— 20g

ソーセージ —— 2本

リーフレタス —— 1枚

黄パプリカ（スライス）—— 2枚

のり —— 全形1/6×2枚

作り方

① ソーセージは格子状に切り込みを入れ、フライパンで焼く。パプリカは棒状にスライスしておく。

② すし飯に水けをきったコーンとカレー粉を混ぜて2等分する。のりを縦長に置き、その上にまんべんなくすし飯を広げる。

③ 平らなところにラップをしき、②をのりが上面になるように置く。中心にソーセージ、パプリカを置き、半分にちぎったリーフレタスをのせる。

④ ラップを手前から持ち上げながら奥に向かって巻く。ラップで全体を包みバトンの形に整える。

3. 厚焼き卵と梅の赤バトンむすびすし

1個分 135 kcal　調理時間 15分以内

材料：2個分

すし飯 —— 茶碗1/2杯分
カリカリ梅 —— 4個
厚焼き卵 —— 40g×2本
リーフレタス —— 1枚
のり —— 全形1/6×2枚

作り方

① 厚焼き卵は棒状に切っておく。カリカリ梅は刻んでおく。

② すし飯にカリカリ梅を混ぜて2等分する。のりを縦長に置き、その上にまんべんなくすし飯を広げる。

③ 平らなところにラップをしき、②をのりが上面になるように置く。中心に厚焼き卵を置き、半分にちぎったリーフレタスをのせる。

④ ラップを手前から持ち上げながら奥に向かって巻く。ラップで全体を包み、バトンの形に整える。

4. 焼き鮭とわかめの緑バトンむすびすし

1個分 74 kcal　調理時間 15分以内

材料：2個分

すし飯 —— 茶碗1/2杯分
わかめ（戻したもの） —— 3g
焼き鮭 —— 1/2切れ
青じそ —— 1枚
リーフレタス —— 1枚
きゅうり（スライス） —— 2本分
のり —— 全形1/6×2枚

作り方

① 焼き鮭は棒状になるようにカットする。きゅうりも棒状にスライスしておく。

② すし飯にわかめとせん切りにした青じそを混ぜて2等分する。のりを縦長に置き、その上にまんべんなくすし飯を広げる。

③ 平らなところにラップをしき、②をのりが上面になるように置く。中心に焼き鮭、きゅうりを置き、半分にちぎったリーフレタスをのせる。

④ ラップを手前から持ち上げながら奥に向かって巻く。ラップで全体を包みバトンの形に整える。

ドライブにも……

肉巻きガリむすびすし

のりを巻くことで手を汚さずに食べられるから、ドライブにもぴったり。
ガリのさっぱり感と肉の甘辛さがよく合います。

調理時間 15分以内

1個分 450kcal

材料：2個分

すし飯 —— 茶碗1杯分
甘酢しょうが —— 10g
白ごま —— 適量
豚ロース薄切り肉 —— 4~6枚
サラダ油（炒め用）—— 大さじ1/2
焼き肉のタレ —— 大さじ1
のり —— 適量

作り方

① 甘酢しょうがは汁けをよくきって刻む。すし飯に白ごまと一緒に混ぜ込んで2等分し、長めの俵形ににぎる。
② 形が落ち着いたら豚肉を巻きつける。
③ フライパンにサラダ油を熱し、②を焼く。肉に火が通り、焼き色がついたら焼き肉のタレを入れ、からめながら焼く。
④ ③の下半分にのりを巻きつける。

ピクニックに、
運動会に、
ドライブに……
むすびすし
こんなのも
あります!

から揚げ むすびすし

子どもが好きなから揚げに
ケチャップをプラス。
運動会やピクニックのお弁当に。

●材料:2個分　●すし飯:茶碗1杯分

具材　鶏のから揚げ……2個、トマトケチャップ……少々、錦糸卵……6g

作り方
① すし飯に錦糸卵を混ぜて2等分し、三角形ににぎる。
② ①の上にから揚げ、ケチャップをのせて、ギュッと押し込む。

タコライス風
ロールむすびすし

ドライブの車中では、お弁当を広げにくいもの。
トルティーヤで巻けば、
タコライスをワンハンドで食べられます。

●材料：2個分　●すし飯：茶碗1杯分

具材 鶏そぼろ……大さじ4、レタス……1枚、トマト（またはパプリカ）……1/4個、スライスチーズ……2枚、トルティーヤ……2枚

作り方 トルティーヤの上に半量のすし飯をのせて広げ、具材を置いて巻く。

6

パーティーで
むすびすし

●むすびすしのある風景

むすびすしのこと、
いろいろ
わかってきたぞ
とにかく…
いろんな具に合う
子どもも好き
洋風も和風もいける
お酒にも合う
となれば
レッツ
むすびすし
パーティー
すごーい
私ったら
おもてなし
上手 ウフフ

梅やツナマヨが「すし飯」に合うのは、なんとなく想像がついたと思いますが、チーズやオリーブ、チャーシューや焼きとりなどの肉系、エスニック風の味付け、マンゴーや黒糖などとも相性がよくて、お酒のつまみにもなり、ピクニックや運動会など、屋外でのイベントにもぴったり……なんて、驚いた方も多いのでは？　しかも、ここまで見てくるとわかるように、とってもカラフルで華やかに作れます。――もう薄々感じていると思いますが、こんな万能な「むすびすし」が、パーティーシーンに合わないわけがありません！　6章では、大勢の人が食べられるように小さいサイズで、見た目も華やかにしたパーティー仕様のむすびすしを紹介します。

てまりむすびすしアソート

てまり形のミニサイズのむすびすし。
大皿に盛りつけたら、あっという間にパーティーの主役。

1個分 111 kcal　調理時間 5分 以内

1. 卵ととびこのてまりむすびすし

材料：2個分

すし飯 —— 茶碗1/4杯分

厚焼き卵 —— 40~50g×2個

とびこ —— 適量

作り方

① すし飯を2等分して丸くにぎる。厚焼き卵は3~4cm幅のキューブ形に切ってから中心に切り込みを入れ、すし飯を詰める。

② とびこを飾る。

1個分 88 kcal　調理時間 5分 以内

2. ツナマヨネーズきゅうりのてまりむすびすし

材料：2個分

すし飯 —— 茶碗1/4杯分

ツナ（缶詰） —— 20g

きゅうり（スライス） —— 2枚

マヨネーズ —— 大さじ1/2

ブラックペッパー —— 少々

作り方

① すし飯にツナ、マヨネーズ、ブラックペッパーを混ぜ合わせて2等分し、丸くにぎる。

② きゅうりはピーラーで薄くむき、①に巻きつける。ラップで包み、なじませる。

1個分 59 kcal　調理時間 5分 以内

3. 鯛と木の芽のてまりむすびすし

材料：2個分

すし飯 —— 茶碗1/4杯分

鯛（刺身用） —— 2枚

木の芽 —— 2枚

作り方

① すし飯を2等分し、丸くにぎる。

② ラップに鯛の刺身をのせ、その上に①をのせ、丸く包んでにぎる。仕上げに木の芽をのせる。

4. イクラと卵のてまりむすびすし

調理時間 5分以内

1個分 83 kcal

材料:2個分

すし飯 ―― 茶碗1/4杯分

薄焼き卵 ―― 帯状2枚

イクラ ―― 適量

作り方

① すし飯を2等分して丸くにぎる。薄焼き卵を巻きつけ、イクラをのせる。

5. いか明太のてまりむすびすし

調理時間 5分以内

1個分 49 kcal

材料:2個分

すし飯 ―― 茶碗1/4杯分

いか(刺身用) ―― 2切れ

辛子明太子 ―― 5g

万能ねぎ(小口切り) ―― 適量

作り方

① すし飯に万能ねぎを混ぜて2等分し、ラップで丸くにぎる。

② 辛子明太子をほぐしてのせ、その上にいかの刺身をのせる。再度ラップで巻いてにぎり、なじませる。

6. 生ハムとブラックオリーブのてまりむすびすし

調理時間 5分以内

1個分 46 kcal

材料:2個分

すし飯 ―― 茶碗1/4杯分

生ハム ―― 1枚

ブラックオリーブ ―― 2個

作り方

① 生ハムは半分に切る。

② すし飯を2等分して丸くにぎる。生ハムを巻きつけ、スライスしたブラックオリーブをのせる。

7. スモークサーモンと柚子のてまりむすびすし

調理時間 5分以内

1個分 52 kcal

材料:2個分

すし飯 ―― 茶碗1/4杯分

スモークサーモン ―― 1枚

柚子(皮) ―― 適量

作り方

① スモークサーモンは半分に切る。柚子の皮は細切りにする。

② 2等分したすし飯をラップで丸くにぎる。

③ スモークサーモンを②に巻きつけ、柚子の皮をのせる。

8. えびとアボカドのてまりむすびすし

1個分 59 kcal　調理時間 5分以内

材料：2個分

すし飯 —— 茶碗1/4杯分

むきえび —— 1尾

アボカド —— 2切れ

作り方

① むきえびはサッとゆでて、厚みを半分に切る。

② すし飯を2等分し、ラップで丸くにぎる。

③ ラップにえびとアボカドを並べ、上に②をのせてにぎる。

9. ほたてとイクラのてまりむすびすし

1個分 56 kcal　調理時間 5分以内

材料：2個分

すし飯 —— 茶碗1/4杯分

ほたて（刺身用） —— 1個

きゅうり —— 少々

イクラ —— 少々

作り方

① すし飯を2等分して丸くにぎる。ほたては横半分に切る。きゅうりは薄い輪切りにする。

② ラップにほたてをのせ、その上にすし飯をのせ、丸く包んでにぎる。きゅうりとイクラを飾る。

10. 塩まぐろと柚子こしょうのてまりむすびすし

1個分 50 kcal　調理時間 5分以内

材料：2個分

すし飯 —— 茶碗1/4杯分

まぐろ（刺身用） —— 2切れ

塩 —— 少々

柚子こしょう —— 少々

作り方

① まぐろの刺身の表面に塩をふり、30分ほどおく。水で洗い流し、ペーパータオルでしっかり水けを拭く。

② すし飯を2等分し、ラップで丸くにぎる。

③ ラップにまぐろの刺身を置き、すし飯をのせ、丸くにぎる。仕上げに柚子こしょうをのせる。

1
2
3

ロールむすびすしアソート

ノルウェー、フランス、アメリカをイメージしたロール型のむすびすし。
好きな国をめしあがれ。

調理時間
15分
以内

1個分
116
kcal

1. ディルサーモンのロールむすびすし

材料:2個分

すし飯 ―― 茶碗1/2杯分
スモークサーモン ―― 1~2切れ
きゅうり ―― 10g
リーフレタス ―― 1枚
プロセスチーズ ―― 10g
ディルの葉 ―― 適量
のり ―― 全形1/6×2枚
オリーブオイル ―― お好みで

作り方

① きゅうり、チーズは棒状にカットする。
② のりを縦長に置き、その上にまんべんなく半量のすし飯を広げる。
③ 平らなところにラップをしき、②をのりが上面になるように置く。中心に半分にちぎったリーフレタス、きゅうり、チーズをのせ、ラップを持ち上げながら巻き、スティック状に形を整える。
④ 別にしいたラップの上にスモークサーモンを並べ、③をのせ一緒に巻く。なじんだらラップをはずし、ディルをのせる。お好みでオリーブオイルを少量かけていただく。

調理時間
15分
以内

1個分
97
kcal

2. いかのソテーと トマトオリーブの ロールむすびすし

材料：2個分

すし飯 —— 茶碗1杯分
いかの足（ゲソ） —— 4本
塩・こしょう —— 各少々
リーフレタス —— 1枚
ドライトマト —— 6g
グリーンオリーブ —— 1個
フライドガーリック —— 2枚
のり —— 全形1/6×2枚

作り方

① いかに軽く塩・こしょうをふり、ソテーする。
② フライドガーリックは砕き、ドライトマトは油をきってみじん切り、オリーブもみじん切りにし、すし飯に混ぜて2等分する。
③ のりに②の半量をまんべんなく広げる。平らなところにラップをしき、のりが上面になるように置く。
④ のりの中心に半分ちぎったリーフレタス、①をのせ、ラップを持ち上げながら巻き、スティック状に形を整える。

調理時間
15分
以内

1個分
154
kcal

3. まぐろとアボカドの
ロールむすびすし

材料：2個分

すし飯 —— 茶碗1/2杯分

まぐろ（刺身用） —— 6切れ

きゅうり —— 10g

リーフレタス —— 1枚

アボカド —— 4切れ

かに風味かまぼこ —— 2本

のり —— 全形1/6×2枚

白ごま —— 少々

塩 —— 少々

ごま油 —— 少々

作り方

① きゅうりは棒状にカットする。

② のりを縦長に置き、その上にまんべんなく半量のすし飯を広げる。

③ 平らなところにラップをしき、②をのりが上面になるように置く。中心に半分ちぎったリーフレタス、きゅうり、かに風味かまぼこをのせ、ラップを持ち上げながら巻き、スティック状に形を整える。

④ 別にしいたラップの上にまぐろとアボカドを並べ、③をのせ一緒に巻く。なじんだらラップをはずし、白ごまをふり、ごま油と塩を少量かけていただく。

ディップのせ むすびすしアソート

ディップをのせたむすびすし。
帯状に切ったのりは別に用意しておき、
食べる直前に巻くようにします。

1. 梅アンチョビのディップのせむすびすし

1個分 43 kcal　調理時間 5分以内

材料：2個分

すし飯 —— 2個分
梅干し —— 2個
アンチョビペースト —— 少々
青じそ —— 2枚
のり —— 適量

作り方

① すし飯は小さめの俵形に2つにぎる。
② 梅干しは種を取って叩いて梅肉にし、アンチョビペースト、せん切りにした青じそと混ぜる。①の上にのせる。
③ 食べる直前に、帯状に切ったのりを巻いていただく。

2. 鮭とアボカドのディップのせむすびすし

1個分 69 kcal　調理時間 5分以内

材料：2個分

すし飯 —— 2個分
鮭フレーク —— 10g
アボカド —— 20g
ディルの葉 —— 少々
のり —— 適量

作り方

① すし飯は小さめの俵形に2つにぎる。
② アボカドはつぶしてなめらかにし、鮭フレーク、ディルと混ぜる。①の上にのせる。
③ 食べる直前に、帯状に切ったのりを巻いていただく。

1個分 70 kcal　調理時間 5分 以内

3. かにかまタルタルのディップのせむすびすし

材料：2個分

すし飯 —— 2個分

かに風味かまぼこ —— 2本

タルタルソース —— 10g

のり —— 適量

作り方

① すし飯は小さめの俵形に2つにぎる。

② かに風味かまぼこは半分の長さに切ってからほぐし、タルタルソースと混ぜ、①の上にのせる。

③ 食べる直前に、帯状に切ったのりを巻いていただく。

1個分 59 kcal　調理時間 5分 以内

4. アボカドとブルーチーズのディップのせむすびすし

材料：2個分

すし飯 —— 2個分

アボカド —— 20g

ブルーチーズ —— 4g

ブラックペッパー —— 少々

のり —— 適量

作り方

① すし飯は小さめの俵形に2つにぎる。

② アボカドはつぶしてなめらかにし、ブルーチーズ、ブラックペッパーと混ぜる。①の上にのせる。

③ 食べる直前に、帯状に切ったのりを巻いていただく。

5. ツナマヨネーズとしば漬けのディップのせむすびすし

1個分 87kcal　調理時間 5分以内

材料:2個分

すし飯 ―― 2個分

ツナ(缶詰) ―― 20g

マヨネーズ ―― 6g

しば漬け ―― 1切れ

芽ねぎ ―― 適量

のり ―― 適量

作り方

① すし飯は小さめの俵形に2つにぎる。

② ツナ、マヨネーズ、刻んだしば漬けを混ぜる。①の上にのせる。芽ねぎをあしらう。

③ 食べる直前に、帯状に切ったのりを巻いていただく。

6. たらこサワークリームのディップのせむすびすし

1個分 63kcal　調理時間 5分以内

材料:2個分

すし飯 ―― 2個分

たらこ ―― 10g

サワークリーム ―― 10g

パセリ(みじん切り) ―― 少々

のり ―― 適量

作り方

① すし飯は小さめの俵形に2つにぎる。

② たらこは皮からはずし、サワークリーム、パセリと混ぜる。①の上にのせる。

③ 食べる直前に、帯状に切ったのりを巻いていただく。

調理時間
20分
以内

むすびすしロール

1人分
398
kcal

見た目はまるでロールケーキ！
太巻きをさらにすし飯と薄焼き卵で巻いた二重巻き。

材料：4人分

すし飯（太巻き用）— 180g

〈具材〉

まぐろ（刺身用）— 30~40g
アボカド —— 4切れ
サーモン（刺身用）— 30~40g
きゅうり —— 1/4本
厚焼き卵 —— 50g
すしえび —— 3枚
桜でんぶ —— 適量
のり —— 全形1枚

〈薄焼き卵〉

卵 —— 4個
片栗粉 —— 小さじ1
水 —— 大さじ1
塩 —— ひとつまみ
サラダ油 —— 適量

すし飯（外側用）— 250g
イクラ —— 適量
ライム —— 1/2個

作り方

① 〈薄焼き卵〉を作る。ボウルに卵を割りほぐし、ざるなどでこす。片栗粉と水を混ぜて水溶き片栗粉を作り、塩、わりほぐした卵と混ぜる。卵焼き用のフライパンにサラダ油を薄くひいて熱し、薄焼き卵を作る。できたら粗熱を取る。

② 太巻きを作る。〈具材〉の材料を太巻き用に切りそろえる。まぐろ、サーモン、きゅうり、厚焼き卵は棒状に切りそろえる。アボカド、すしえびは巻きやすいようにスライスする。

③ 巻きすの上にのりをしき、すし飯を広げる。具材を中心にのせ、太巻きを作る。

④ ラップの上に、①の薄焼き卵を太巻きよりひとまわり長くなるような長さに合わせる。重なる部分は1cmほどに。

⑤ ④にすし飯を広げる。太巻きを中心に置き、ラップを持ち上げながら巻きつける。

⑥ 仕上げにスライスしたライムと、イクラをあしらう。

むすびすしに どんどん活用したい！ ミツカンの商品

すし酢 昆布だし入り 360ml

米酢を糖類・食塩・昆布だしで調味した酸味・甘味・塩味のバランスのとれた本格派のすし用合わせ酢です。
昆布だしをとる手間をかけずに、このままかけて混ぜるだけで、おいしいすし飯が手軽にできます。
むすびすしのすし飯作りにおすすめです。

すし酢 360ml

お寿司用に調味された合わせ酢です。そのままかけて混ぜるだけでおいしいすし飯を作ることができます。
むすびすしのすし飯作りにおすすめです。

五目ちらし

お寿司屋さんで使われているお酢を使用し、だしの風味豊かな、ハレの日にぴったりの「ちらし寿司の素」です。
プロご用達のお酢を使ったちらし寿司を、あたたかいご飯に混ぜるだけで簡単に楽しむことができます。
むすびすしのすし飯にもお使いいただけます。

おむすび山® むすびすし 生姜香る鮭ちらし

鮭とごまなどの具材に生姜を組み合わせた「おすしおむすびの素」です。
ご飯に混ぜ込むだけの手軽さで、さっぱりとした美味しさで香りのよいおすしのおむすびを作ることができます。

おむすび山® むすびすし じゃこちらし

じゃことごまなどの具材に海苔を組み合わせた「おすしおむすびの素」です。
ご飯に混ぜ込むだけの手軽さで、さっぱりとした美味しさのおすしのおむすびを作ることができます。

監修●株式会社ミツカン

1804年に創業以来、人々の食文化を創造する商品、メニューを提供してきた。食酢やぽん酢、サワードリンク・食酢飲料、手巻き寿司なども世に送り出してきた。現在は、お酢だけでなく、その他調味料や納豆なども扱う。食トレンドや環境変化の兆し、内食・外食・中食などのニーズを捉えて分析し、より魅力的な食生活提案をすることを目的とした「食生活研究プロジェクト」にも取り組んでいる。

Staff
ブックデザイン●望月昭秀（NILSON）
料理●市瀬悦子 http://e-ichise.com
スタイリング●深川あさり
取材・構成●土田由佳
撮影●池水カナエ
イラスト●ゼリービーンズ
料理アシスタント●中村千鶴子、細井美波、是永彩江香
編集●袖山満一子（幻冬舎）

毎日食べたいむすびすし
誰かに教えたくなる、とっておきの〝お酢ごはん〟

2014年1月25日　第1刷発行

監　修　株式会社ミツカン
発行者　見城 徹
発行所　株式会社 幻冬舎
〒151-0051東京都渋谷区千駄ヶ谷4-9-7
電話　03(5411)6211(編集)
03(5411)6222(営業)
振替00120-8-767643
印刷・製本所　図書印刷株式会社
検印廃止

Printed in Japan　ISBN978-4-344-02520-2　C0077
幻冬舎ホームページアドレス　http://www.gentosha.co.jp/

この本に関するご意見・ご感想をメールでお寄せいただく場合は、
comment@gentosha.co.jpまで。